Ye

17497

LA CHANSON

N° 1 — 20 mai 1866

SOMMAIRE : Au lecteur. — Olivier Basselin et M. Travers. — La reine Hortense musicienne. — Lettre anonyme. — Le Bohème. — Les Hannetons. — Proverbes, de Lagarde. — Vie et mort d'un grand criminel. — Tournoi poétique en Champagne. — *Nouvelles* : Thérésa, de Villemessant, Cambronne, Janin, Concours, etc.

Lors de toute entreprise, les espérances vont d'abord au delà de la réalité ; puis l'ardeur des commencements s'éteint, et l'on se trouve en lutte avec les nécessités d'une exécution laborieuse.

Quand un certain nombre de chansonniers ont conçu la pensée de fonder un nouveau journal, organe spécial de la chanson, les rêves se sont donné carrière, les imaginations ont marché à toute vapeur. Eh bien ! notre espoir n'était pas menteur. Notre appel a été entendu de toutes parts, et de toutes parts nous avons reçu les encouragements les plus sincères, les plus vifs et les plus cordiaux.

Nous n'avons pas l'intention de placer sous vos yeux, lecteur, les innombrables lettres de félicitations qui nous sont parvenues. Elles sont d'ailleurs trop louangeuses pour nous.

L'avenir paraît donc assuré. Mais, a dit un poète :

> Pour féconder les fleurs qu'il sème sur sa trace,
> L'esprit a besoin d'air, de soleil et d'espace.

De même, un journal a besoin d'abonnés. Or, il serait injuste d'exiger que la publication de notre programme fît sortir de terre, en un moment, des milliers d'abonnés; mais il serait niais de s'entêter à poursuivre une publication condamnée d'avance à s'arrêter trop près de son point de départ.

Il nous faut, pour couvrir nos frais, un minimum de trois cents abonnés.

Notre second numéro attendra, pour paraître, que ce nombre soit près d'être atteint (1).

C'est maintenant aux amis de la chanson, de la poésie, de l'esprit gaulois, à se prononcer. Le drapeau est levé : qu'ils se réunissent sous ses plis, et nous marcherons ensemble vers le beau, vers l'idéal, vers l'infini (2) !

Une erreur historique et littéraire. — Sous ce titre, M. Travers, secrétaire de l'Académie des sciences, arts et belles-lettres de Caen, a lu, le 4 avril, à la réunion des délégués des sociétés savantes, en Sorbonne, un mémoire fort intéressant. Il cherche à établir que l'existence des compagnons du Vau de Vire, admise par quelques auteurs, n'est nullement démontrée; que l'on n'a pas un seul vers authentique d'Oli-

(1) Cette partie du speech de notre rédacteur en chef rappelle avec avantage le boniment de Pradier, le bâtonniste que Paris regrette, et à qui il manquait toujours dix-sept sous pour être adroit. Seulement, lui ne rendait pas l'argent. (*N. de la D.*)

(2) La phrase est un peu ambitieuse, mais elle est vague, et cela fait bien : chacun la traduit suivant son aspiration particulière, et tous sont contents. (*N. de la D.*)

vier Basselin, et que les chansons qui sont attribuées à ce foulon appartiennent à Jean Le Houx, avocat à Vire entre 1570 et 1616. Il a réfuté d'une manière piquante les divers arguments fondés sur des citations : la dernière est une pièce apocryphe dont M. Travers avoue aujourd'hui la paternité.

LA REINE HORTENSE MUSICIENNE [1]

« Certaines mélodies de la reine Hortense sont devenues tellement célèbres qu'elles ont gravé son nom dans la mémoire du peuple; mais l'ensemble de son œuvre est peu connu, et peut-être fallait-il le hasard qui a conduit un musicien sincèrement épris de son art à feuilleter le recueil de ces mélodies, pour que la place importante que l'artiste reine occupe dans l'histoire poétique de la France fût révélée.

« En effet, à côté du conquérant, ne faut-il pas la muse qui chante et exprime les inquiétudes et les douleurs de toutes ces mères, de toutes ces épouses, de toutes ces sœurs restées seules près du foyer désert? Et quelle muse trouva jamais des accents plus touchants pour recommander la prudence à ces sublimes imprudents, que la mélodie si populaire et si charmante qu'elle adresse à son frère le prince Eugène :

Souviens-toi de ma tendresse...
Es trop aimé pour t'exposer toujours.

« Qui dira jamais mieux les douleurs du départ,

[1] Sous ce titre, M. Eugène Gautier, dont la compétence en matière musicale est hors de contestation, a publié récemment, dans le Moniteur, un article un peu emphatique, mais plein d'intérêt. Nous en reproduisons les passages les plus saillants.

les inquiétudes et les tourments de l'absence, les joies si rares et si vite troublées du retour, et les déchirements de l'exil, que ces mélodies : *Vous me quittez pour voler à la gloire!* — *La Mélancolie.* — *M'oublieras-tu?* (une des plus belles). — *L'Heureuse solitude.* — *Je ne pars plus.* — *O nuit!* — *Pauvre Français!* (une merveille de sensibilité), et ce chef-d'œuvre — *le Chien du Déserteur* — qui, murmuré le soir par une bouche aimée, a peut-être sauvé de la mort plus d'un pauvre soldat coupable, en faisant fléchir la discipline devant la pitié.

> Je vais mourir, ce n'est pas pour la France!
> Éloigne-toi, Médor, mon pauvre chien.

(A suivre.)

CORRESPONDANCE

Monsieur,

Les vers ne sont guère de mise dans les journaux du grand format : la politique est si intéressante! Il en est de même de presque tous les journaux dits littéraires. Le vôtre, heureusement, ouvre aux poëtes un asile inespéré. Sans prétendre toutefois à ce beau nom, je viens vous offrir un titre : *une Chanson par semaine*, et vous proposer de le remplir. Si la chose vous agrée, je m'engage à vous adresser chaque semaine une chanson de moi, et plutôt deux qu'une, d'abord afin que vous ayez du pain sur la planche, et ensuite pour que vous puissiez exercer votre choix.

Qui sait? Peut-être, en me faisant le plaisir que je vous demande, trouverez-vous aussi votre petite récompense. En effet, plus d'une chanson, actuelle ou non, vous fournira par son sujet l'occasion d'une de ces spirituelles causeries dont vous savez si bien broder le thême le plus léger. Bonne fortune pour le public, à qui mes mauvais vers auront valu votre fine prose!

Je vous envoie, pour tâter le terrain, une chanson sans air, intitulée : *le Bohème*, type moitié vrai, moitié de fantaisie. Au premier signe, je vous inonde.

Pourquoi, me direz-vous, conserver l'anonyme, et ne pas profiter, pour faire connaître votre nom, de la publicité de notre journal? Est-ce par modestie? — Hélas, non! ce n'est pas le défaut ordinaire des poëtes; et les chansonniers, pour se montrer dignes de cette noble parenté, se donnent bien de garde de tomber dans ce travers. Je désire conserver l'anonyme, afin que mes amis accordent à mes productions, publiées sans mon nom, une indulgence dont, autrement, ils seraient trop chiches.

D'ailleurs, les *Trois Étoiles* ont, pour le gros du public, un prestige presque égal à celui d'un nom illustre; car, pour finir, à la façon d'un de vos spirituels confrères en journalisme, par une citation latine, Tacite n'a-t-il pas dit :

Omne ignotum pro magnifico est.

Agréez, etc.   X.

Que répondre à cette lettre trop flatteuse ou trop goguenarde? Notre correspondant oublie, lorsqu'il nous propose une chanson par semaine, que notre journal ne paraît que tous les quinze jours, au moins jusqu'à nouvel *ordre*. En second lieu, l'admettre à collaborer à chacun de nos numéros, ce qui ne satisferait encore qu'à demi son ambition, ce serait empiéter sur l'espace que nous devons à nos autres collaborateurs, et sacrifier à un seul les droits de tous. Son titre : *une Chanson par semaine*, représente une bonne idée; et nous l'engageons à l'offrir à l'*Événement* ou au *Soleil*.

Nous publions toutefois, mais sans nous engager à rien pour l'avenir, la pièce qu'il veut bien nous adresser.

LE BOHÈME

De la misère heureux esclave,
Toujours il redouta l'hymen;
Et cependant c'était un brave.
Un brave à trois poils... dans la main.

Aux vents d'hiver servant de cibles,
Ses tibias secs et frileux
Cachaient des bottes impossibles
Sous un pantalon fabuleux.

Ne possédant maison ni terre
— Bon pour des bourgeois abrutis! —
Il payait son propriétaire
Avec quelques mots bien sentis.

Ce Céladon sans Cydalises
Allait, quand le *Bois* était vert,
Réchauffer aux premières brises
Son gousset, nu comme l'hiver.

Rêver, c'est avoir la fortune :
Comme tant de gens sans aveu,
Il faisait des vers à la lune;
Quant aux trous, n'en fait pas qui veut.

Palais cossus, large pitance,
Les riches gardent tout pour eux :
Mais n'avait-il pas l'espérance,
La richesse des malheureux?

En goguette, chaque semaine,
Il chantait, narguant l'épicier,
Le grand morceau de Théramène
Sur des airs connus, de Darcier.

Au risque, comme un chien qui grogne,
De se faire casser les reins,
Il tannait sans nulle vergogne
Le cuir de ses contemporains.

Sérieux comme les messies
Quand ils se savent écoutés,
Il lançait d'effroyables scies
Au nez des pantes épatés.

Quelquefois, au Café de France,
Il amalgamait sans pitié
La soupe aux choux de l'espérance
Et la chope de l'amitié ;

Et parfois, faisant chère lie,
Grâce au crédit du cabaret,
Il enluminait sa folie
Des chauds rayons d'un vin clairet.

Il savait, aux jours de disette,
En se payant un cran hors tour,
Déjeuner d'une cigarette
Ou bien dîner d'un calembour.

Pour un vrai pâté de Lesage
Un jour il peignit — quel espoir ! —
Sur un fond vert de paysage
Un gros monsieur en habit noir ;

Mais sa vocation rentrée
S'était révélée un peu tard ;
Sur sa palette diaprée
Régnait en maître l'épinard.

Quand la sagesse au masque pâle,
Après tant de jours mal usés,
Murmurait, comme un dernier râle,
Ses conseils toujours méprisés ;

Lorsque l'ange de la colonne
Ébauchait sur l'azur du ciel,
Sans clarinette et sans trombonne,
Son entrechat perpétuel ;

Couronnant sa vie incongrue,
Le grand artiste *in partibus*
Mourut à jeun en pleine rue,
Écrasé par un omnibus.

LES HANNETONS

MUSIQUE DE J. DARCIER

Refrain, allegro.
Ton de SOL.

| 0 0 3 2 ‖ 2.1 | 1 2 3 | 4.0 4 3 4 |
Hanne - tons, Fai-bles a-vor - tons, Vous ê-tes

| 3.2 1.2 | 3 | 3 2 | 2.1 | 1 2 3 |
de sin-gu-liers ê - tres. D'ê-tre grands quand nous nous van-

| 4 3.0 | 2 4 | 5.0 0 4 3 | 3.2 2 4 3 |
tons... Nous men - tons; Car vous se-rez toujours nos

| 2.1 0 2 1 | 1.7 7 1 2 | 4.3 3 2 3 |
maitres. Nous vous gar-rot-tons, Nous vous maltraitons, Nous vous

| 4 6 | 5.0 0 6 5 | 5.4 4 3 2 | 4.3 3 2 1 |
regret-tons ! Hannetons, Faibles a-vor-tons, Nous vous regret-

Couplet, plus lent.
ua (1-4) Ton de RÉ.
FIN.

| 6.0 5.5 | 1 ..0 ‖ 0 0 5 4 | 3 5 1 7 6 5 |
tons, Han-ne-tons! Ils ont des fleurs en a-bon-

| 5 4 0 4 3 | 3 2 5 5 4 | 3 0 5 4 |
dan-ce; Sur un or - me leur pain mû - rit. Ja -

| 3 5 1 7 6 5 | 5 4 0 3 2 | 6 5 1 7 7 6 |
mais, même aux jours de bombance, Le vin ne leur troubla l'es-

| 5 0 5 | 4 6 2 4 7 2 | 1 3 5 | 3 5 |
prit. L'a-mour est leur u-nique i - vres - se, Et pour se-

| 5 4 5 6 | 5 0 5 6 | 7 7 6 7 1 |
mer leurs re - je - tons, A quoi pen-sent les han-ne-

uol (1-5)
| 2 0 2 6 4 | 2 1 5 6 3 3 5 4 | 3 2 1 0 0 3 2 ‖
tous? Ils n'ont qu'u-ne seu-le mai - tres - se. Hanne-

Hannetons,
Faibles avortons,
Vous êtes de singuliers êtres.
D'être grands quand nous nous vantons,
Nous mentons ;
Car vous serez toujours nos maitres.
Nous vous garrottons,
Nous vous maltraitons...
Nous vous regrettons !
Hannetons,
Faibles avortons,
Nous vous regrettons,
Hannetons !

Ils ont des fleurs en abondance.
Sur un orme leur pain mûrit.
Jamais, même aux jours de bombance,
Le vin ne leur troubla l'esprit.
L'amour est leur unique ivresse ;
Et, pour semer leurs rejetons,
— A quoi pensent les hannetons ! —
Ils n'ont qu'une seule maîtresse.

Hannetons, etc.

Dans leurs tendresses éphémères,
Que le bon Dieu bénit gratis,
Ils n'ont jamais connu leurs mères,
Ils ne connaîtront pas leurs fils.
Sevrés de nos grandeurs humaines,
Ils poursuivent comme à tâtons
— A quoi pensent les hannetons ! —
Leur avenir... de trois semaines...

Hannetons, etc.

Ils volent, libres et sans gêne ;
Et s'abattent, quand ils sont las,
Moins vêtus que feu Diogène,
Sur nos rosiers, sur nos lilas.

Mais l'effronterie a des bornes :
Montrons-nous ce que nous portons ?
— A quoi pensent les hannetons ! —
En public ils sortent leurs cornes !

 Hannetons, etc.

Chez ces humbles coléoptères
Rome et Clichy sont inconnus ;
Pas d'avocats, pas de notaires ;
Pas de pauvres marchant pieds nus ;
Pas de bourses ni de conclaves,
De prêtres ni de marmitons ;
— A quoi pensent les hannetons ! —
Pas de souverains ni d'esclaves.

 Hannetons, etc.

Comme l'abeille et la cigale,
D'un peu de miel ils sont contents.
Leur humeur est toujours égale :
Haïr ? Ils n'en ont pas le temps.
Ils se brûlent à nos chandelles ;
Ou, happés par des becs gloutons,
— A quoi pensent les hannetons ! —
Ils pardonnent aux hirondelles.

 Hannetons, etc.

Nous devons à la complaisance de l'éditeur l'autorisation de publier cette chanson avec la musique de Darcier. Elle se trouve chez Vieillot, rue Notre-Dame-de-Nazareth, 32. Prix, pour piano, 2 fr. 50 c.; chant seul (notation ancienne), 20 c.

Les Proverbes, chansons par Jules Lagarde, du Caveau, avec cette épigraphe : « Honni soit qui mal y pense ! » Un vol. in-16, tiré à 200 exemplaires.

La chanson-proverbe est un genre facile, dit-on

quelquefois. Facile à mal faire, oui. Un refrain est bientôt trouvé; on en a des dictionnaires. Mais inventer un sujet par couplet; ou, si on ne l'invente pas toujours, le rajeunir, le présenter d'une façon piquante, neuve, spirituelle; puis ensuite amener naturellement le proverbe qu'on a choisi; et renouveler ce tour de force cinq ou six fois dans la même chanson; je ne trouve pas que cela soit précisément facile. Notez que la langue, la prosodie maintiennent tous leurs droits et toutes leurs règles; et vous reconnaîtrez que, si un sujet unique, traité avec tous les développements qu'il comporte, fait mieux ressortir tous les mérites de composition, de proportion et même d'invention, la chanson-proverbe, qui est souvent la même chose que la chanson à tiroirs, demande aussi un bon nombre de qualités, et que tout le monde n'est pas apte à y réussir.

M. Lagarde, ainsi qu'un grand nombre de ses collègues du Caveau, a beaucoup cultivé ce genre de production, et y a obtenu de nombreux succès. Malice sans méchanceté, telle semble être sa devise; et il flagelle d'un fouet piquant, mais non empoisonné, les travers de son siècle.

Ça n'a ni queue ni tête est une chanson originale, et même hardie.

> Trouv'-t-on, en fouillant des tombeaux,
> Un torse des plus beaux?
> L'antiquair', qui r'garde aux flambeaux
> Cett' statue incomplète,
> Prétend qu' c'est un héros;
> — Ça n'a ni queu' ni tête.

Vous devinez d'avance quelques-uns des autres sujets : la Comète, la Gibelotte douteuse; mais vous ne vous attendez pas au propos de Nanette, qu'un pauvre poëte courtise en vain, et qui répond crûment :

. . . . . Ton troubadour,
Ça n'a ni queu' ni tête.

Il faut veiller au grain est une pièce des plus réussies du volume, et même, le croira-t-on, des plus touchantes.

Mettre la pièce à côté du trou renferme des couplets originaux et vraiment inattendus.

Il serait trop long d'énumérer tous les sujets qui nous ont agréablement frappé dans le volume de M. Lagarde. Nous publierons prochainement de lui une chanson inédite, dont nos lecteurs auront ainsi la primeur.   E. I.

Vie et Mort d'un grand criminel Kalmuch, traduit du chinoys de Hang-Him-Soon, grand in-12 de 24 pages, Paris, 1866.

Cette brochure, sur laquelle *la Petite Revue* a, la première, attiré l'attention du public, contient le récit en style rabelaisien d'une anecdote récente; et l'on va jusqu'à prétendre que les personnages qui y figurent sous des noms supposés ont été contraints de se reconnaître. Elle a été tirée à un petit nombre d'exemplaires, sans nom d'auteur, et est aujourd'hui presque introuvable, même chez les libraires bibliophiles. Toutefois, par un bonheur dont le secret n'a pas besoin d'être divulgué, l'administration du journal *la Chanson* en possède un certain nombre en réserve pour ceux de ses abonnés qui seraient curieux de posséder ce singulier opuscule.

Nous citerons seulement le passage suivant :

« Congnu est que les chinoyses sont toutes legieres, coquettes, friandes et peu beniuoles ; mais (et ce bien sçauez) petit pied, qui denotte grand cueur, ia ne ha esté bon a resistance, car il peche par la base. Au demourant, elles ont bon goust, scauent rigouller à propous, et cognoyssent tres-bien quelle différence y ha entre ung honneste muguet et un singe matagot resuassant tousiours a ce... comment ha nom ; et se entendent comme nulles femmes au monde a toutes friandises de l'amour. »

Ne voilà-t-il pas le vrai portrait des...... chinoyses? Si ces dames avaient connaissance de tout le bien que notre auteur pense et dit d'elles, plus d'une sans doute, transformant en interjection le nom de l'auteur chinois, s'écrierait avec fureur : Hang-Him-Soon! Les Anglaises savent bien ce que ces mots signifient.

Cette brochure sera adressée, franche de port, aux cent premiers abonnés qui nous auront envoyé 50 c. en timbres-poste.

TOURNOI POÉTIQUE EN CHAMPAGNE

Publié par F. Thessalus

C'est une heureuse et féconde idée que celle de ce tournoi. Le résultat de la première joûte est de nature à encourager M. Thessalus dans son entreprise : aussi a-t-il ouvert un nouveau concours ; voici, dès à présent, les résultats principaux.

Prix : 1er à des enfants jouant aux osselets, de M. Ch. Duval ; — 2e le Cap des Tempêtes, de M. A. de Cazanove.

Accessit : Épître (M. A. Curtet) ; le Vieillard (M. J. Biron) ; la Fille de l'Hôtesse (M. A. Quételart) ; à

Marceau (M. D. Bonneville); Isabelle (Mme L. d'Isole); les Premiers Jours du Printemps (M. R. d'Espaignol Lafagette).

La souscription au deuxième volume du *Tournoi poétique en Champagne* (2 fr. pour un exemplaire), restera ouverte jusqu'au 15 juin. Le comité d'examen fera insérer les poésies de valeur qui lui seront remises d'ici à cette époque et dont les auteurs se conformeront aux prescriptions suivantes :

Joindre à chaque production le prix de la souscription pour un exemplaire au moins du *Tournoi*, et une somme égale au nombre de lignes à insérer multiplié par 0 fr. 08 c., *titre, motto, blancs, et signature, compris dans ce nombre de lignes.*

S'adresser à M. F. THESSALUS, 28, rue des Moulins, Belleville-Paris.

NOUVELLES VRAIES ET FAUSSES

Notre ami Baillet, l'heureux auteur de *la Religieuse*, de *Viens donc*, etc., prépare, dit-on, un volume de chansons choisies.

．·．

Nous parlerons, dans notre prochain numéro, du dernier volume de Gonzalle : *les Coups de fouet et à bas les masques.*

．·．

Un de nos amis, ordinairement bien informé, nous apprend le titre, encore secret pour tout le monde, d'une nouvelle chanson que Mlle Thérésa doit *créer* prochainement. Cette œuvre sera intitulée : *la Suceuse de la place Maub* (1). On ne nomme pas encore l'auteur ; la musique serait de Léon Peuchot.

*_**

Ce premier numéro devait paraître le 15 avril ; deux causes l'en ont empêché. D'abord, M. de Villemessant avait annoncé pour cette date la publication d'une nouvelle feuille à succès : *le Journal d'un sou*, et nous ne voulions ni lui faire une concurrence inopportune, ni refuser les honneurs du pas à un père conscrit du journalisme. Et puis, le cliché de Darcier n'était pas prêt. Et voyez : *le Journal d'un sou*, qui probablement ne craint pas la lutte, a retardé aussi sa publication. Tant pis pour lui : nous paraissons !

*_**

L'ancienne rue du Dépotoir, à La Villette, vient d'être débaptisée, et a reçu le nom de Petit. Tout en vénérant la mémoire du brave général qui reçut les derniers adieux de Napoléon, les habitants du quartier auraient préféré, par goût, le nom de... Cambronne.

*_**

Comme tout journal littéraire qui se respecte, *la Chanson* ouvrira prochainement son concours. Les conditions n'en sont pas encore définitivement arrêtées ; mais que nos lecteurs se le tiennent pour dit dès à présent : il s'agira spécialement de chansons, et de chansons naturellement inédites.

*_**

Un concours de chansons a eu lieu dernièrement à la société lyrique de M. Lepilleur ; les prix ont été obtenus par MM. Dardaux et Alais.

*_**

Les ouvrages que nous avons reçus le plus récemment sont :

---

(1) Suceuse de pivois, ivrognesse. Consulter les *Excentricités du langage* de Larchey.

la *Muse plébéienne*, chansons, par Joseph Lavergne; Paris. — *Les Chants du Peuple*, par J.-G. Ponzio, préface de Laurent Pichat; Nîmes. — *La Muse en goguette*, par J. Déléage, de Sardines et J. de Valban; Lyon. — *Chansons* de J. Juteau; Paris. — *Panard et la Chanson*, par Gonzalle; Reims.

Nous en parlerons.

.*.

Aucun événement notable ne s'est produit ces temps-ci dans le monde de la chanson. Car nous ne donnons pas ce nom à la réception de M. Janin au Caveau, dont on a fait grand bruit. Critique, bien; journaliste, oui; littérateur, d'accord, et des meilleurs; mais chansonnier, non !

Il n'y a donc rien de changé dans l'académie épicurienne, il n'y a qu'un chansonnier... de moins.

.*.

Nous remarquons, au moment de mettre sous presse, que nous avons omis de nommer l'auteur des *Hannetons*; c'est :

EUG. IMBERT.

ADMINISTRATION ET RÉDACTION

RUE DE LA VILLETTE, 88, PARIS-BELLEVILLE

DÉPOT

CHEZ GROU, LIBRAIRE-ÉDITEUR, RUE CADET, 8

ABONNEMENT

Un an, 5 fr. — Six mois, 3 fr. — Un numéro, 25 centimes

Paris. — Imp. Emile Voitelain et C*ⁱᵉ*, 15, rue J.-J. Rousseau.

www.ingramcontent.com/pod-product-compliance
Lightning Source LLC
Chambersburg PA
CBHW071450060426
42450CB00009BA/2375